Lustig ist das Rentnerleben

für ....

von ....

Lustig ist das Rentner Leben...!

... mit Liedern, Witzen und viel Spaß für unterwegs!

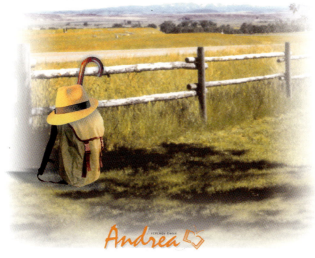

Andrea VERLAGS GMBH

Inhalt

Seite 8
Vorwort

Seite 10
Lieder zum Tanz
& zur Geselligkeit

Seite 22
Wanderlieder

Seite 34
Wald- & Jagdlieder

Seite 48
Lieder der Liebe

Seite 60
Trink- & Spaßlieder

Seite 70
Lieder zum Jubiläum

Inhalt

Seite 78
*Lustig
ist das Seniorenleben*

Seite 90
*Geschichten
für unterwegs*

Seite 102
*Zum Jubiläum
-Gedichte und mehr
zum Vortragen-*

Seite 118
Originell verschenkt

Seite 134
Witze & Trinksprüche

Seite 144
Liederverzeichnis

Vorwort

Das Alter

Ewig fliegt man nicht als Falter.
Eines Tages kommt das Alter.

Aus dem Falter wird die Falte.
Aus dem Schnucki wird die Alte.
Aus dem Jüngling wird der Greis.
Ewig ist nur der Verschleiß.

Gestern noch mit flotten Flügeln,
heute sind die Runzeln da.
Da hilft nicht "kosmetisch bügeln".
Da hilft nicht die AOK.

Wer mit flinkem Fuß gewippt hat,
schlürft nun mit knarrendem Gelenk
und du merkst auf einmal deutlich:
Man ist älter, als man denkt.

Auf des Lebens grüner Wiese
ist das frische Gras gemäht.
Abseits jeder Jugendkrise
lebt man funkstill und diät.

Vorwort

Soll'n wir heulen nun und jammern,
weil wir nunmehr ausgeschirrt.
Soll'n wir uns an früher klammern,
weil uns täglich klammer wird?

Ist in dieser engen Runde
auch die Welt nicht mehr so bunt,
Freundchen - auch die Abendstunde
hat noch manchmal Gold im Mund!

Sei vor dem Alter nicht so feige,
ändere einfach dein Programm.
Spielt man nicht mehr erste Geige,
bläst man eben auf dem Kamm.

Durch Trinken loben wir den Wein
und schönen Mund durch Küssen.
Was könnt auch wohl beredter sein,
als so verstummen müssen?
Paul Heyse

Und so finden wir uns wieder
in den heitern bunten Reihn,
und es soll der Kranz der Lieder
frisch und grün geflochten sein.
Friedrich von Schiller

Tanz & Geselligkeit

**Nimmst du täglich
deine Tropfen,
wird dein Herz
stets freudig klopfen,
wirst im Alter,
wie der Wein,
stets begehrt
und heiter sein.**

Es geht nichts über die Gemütlichkeit
Volkslied

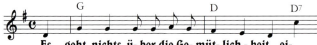
Es geht nichts ü- ber die Ge- müt- lich- keit, ei-

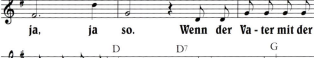
ja, ja so. Wenn der Va- ter mit der

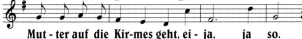
Mut- ter auf die Kir-mes geht, ei - ja, ja so.

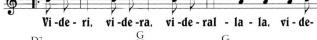
Vi- de - ri, vi -de -ra, vi -de -ral - la - la, vi -

ri, vi- de- ra, vi- de- ral -la -la, ei - ja, ja so.

2. Es geht nichts über die Gemütlichkeit.
   Hab'n wir kein Geld,
   so haben's andre Leut'.

3. Es geht nichts über die Gemütlichkeit.
   Zum Trübsal blasen
   ist es lang noch Zeit.

Geselligkeit

Mein Hut, der hat drei Ecken
Volkslied

Mein Hut, der hat drei Ek-ken, drei Ek-ken hat mein Hut, und hat er nicht drei Ek-ken, dann ist es nicht mein Hut. Mein Hut, der hat drei Ek-ken, drei Ek-ken hat mein Hut, und hat er nicht drei Ek-ken, dann ist es auch nicht mein Hut.

Lustig ist das Zigeunerleben
Volkslied

Lu - stig ist das Zi - geu - ner - le - ben,
brau - chen dem Kai - ser kein Zins zu ge - ben,
fa - ri - a, fa - ri - a ho,
fa - ri - a, fa - ri - a ho,

Lu - stig ist's im grü - nen Wald,

wo des Zi - geu - ners Auf - ent - halt,

fa - ri - a, fa - ri - a, fa - ri - a, fa - ri - a,

fa - ri - a, fa - ri - a ho.

Geselligkeit

2. Sollte uns einmal der Hunger plagen,
   tun wir uns ein Hirschlein jagen.
   Hirschlein, nimm dich wohl in acht,
   wenn des Jägers Büchse kracht.

3. Sollt uns einmal der Durst sehr quälen,
   gehn wir zu des Waldes Quellen,
   trinken Wasser wie Moselwein,
   meinen, es müsste Champagner sein.

4. Wenn wir auch kein Federbett haben,
   tun wir uns ein Loch ausgraben,
   legen Reisig und Moos hinein,
   das soll uns ein Federbett sein.

Lustig ist das Rentnerleben

Melodie: "Lustig ist das Zigeunerleben"

1. Lustig ist das Rentnerleben,
   faria, fariaho.
   Brauchen nicht mehr zur Arbeit gehen,
   faria, fariaho.
   Lustig sieht mein Kalender aus,
   denn wir sind nur selten zu Haus.
   Faria, faria, faria, faria, faria, fariaho.

2. Manchmal gehen wir in den Wald,
   faria, fariaho.
   Wir singen so laut, dass es schallt,
   faria, fariaho.
   Wir sind sehr für die Natur
   und achten auf die Figur.
   Faria, faria, faria, faria, faria, fariaho.

3. Jeden Montag geht's zum Sport,
   faria, fariaho.
   Doch manchmal fahren wir auch fort,
   faria, fariaho.
   Im Klub gibt es alle vierzehn Tage
   Kaffee, Kuchen und Referate.
   Faria, faria, faria, faria, faria, fariaho.

Geselligkeit

4. Lustig geht's auch beim Tanzen zu,
   faria, fariaho.
   Tanzen mit oder ohne Schuh',
   faria, fariaho.
   Ja das mögen wir alle gern,
   bleiben dabei dem Trübsal fern.
   Faria, faria, faria, faria, faria, fariaho.

5. Viele Hobbys haben wir,
   faria, fariaho.
   Lieben das Leben, die Kinder, das Tier,
   faria, fariaho.
   Basteln, bowlen, singen auch,
   tanzen und wandern, so ist es Brauch.
   Faria, faria, faria, faria, faria, fariaho.

Das Lätzchenlied
Melodie: "Das Wandern ist des Müllers Lust"

1. Bevor das Festmahl hier beginnt,
   ergreif ein jeder nun geschwind
   das Lä- ätzchen.
   Um uns wäre es doch schlecht bestellt,
   gäbe es kein Lätzchen auf dieser Welt,
   zum Essen gar kein Lätzchen, kein Lätzchen.
   Kein Lätzchen ...

2. Denn schon als kleiner Windelmatz
   band man uns um den Schlabberlatz,
   das Lä-ätzchen.
   Die Herren bekleckern gern den Bauch,
   drum folget heut dem alten Brauch
   und bindet um das Lätzchen,
   das Lä-ätzchen.
   Das Lätzchen ...

3. Die Damen sind woanders dick,
   da fällt oft drauf ein Missgeschick,
   ein Missgeschick.
   Drum soll die Bluse bleiben rein,
   ein Latz muss drauf gebunden sein,
   und bindet um ein Lätzchen,
   ein Lä-ätzchen.
   Ein Lätzchen ...

Geselligkeit

4. Und gebt ihr eurem lieben Schatz
nach jeder Mahlzeit einen Schmatz,
ein Schmä-ätzchen.
So wischt den Mund erst mit dem Latz,
denn sauber schmecken muss ein Schmatz,
denn sauber schmecken muss ein Schmatz,
ein Schmä-ätzchen.
Ein Schmätzchen ...

5. Und die Moral von der Geschicht',
vergesset nur das Lätzchen nicht,
das Lä-ätzchen.
Und hast du's einmal nicht zur Hand,
dann nimm ganz einfach deine Hand,
doch besser ist ein Lätzchen, ein Lä-ätzchen.
Ein Lätzchen ...

Als Spaß kann ein "Lätzchen" aus einem A4 Blatt angefertigt werden, auf dem der Liedtext steht. Jeder Gast hält das "Lätzchen" vor die Brust und kann den Text ablesen.

Die lustigen Rentnersleut'
Melodie: "Mein Vater war ein Wandersmann"

1. Wir sind die lustigen Rentnersleut',
   wir sagen's ohne Scheu
   und danken sehr aus Herzensgrund
   für jeden Tag auf's neu.
   Valleri, vallera, für jeden Tag auf's neu.

2. Wenn wir des Morgens früh aufstehen,
   um sieben oder acht,
   dann ist ja unser Tagewerk
   schon eigentlich vollbracht.
   Valleri, vallera, schon eigentlich vollbracht.

3. Wir holen uns nur unser Geld,
   wenn's wieder fällig ist.
   Sagt selbst: Wie schön ist doch die Welt,
   wenn man ein Rentner ist.
   Valleri, vallera, wenn man ein Rentner ist.

4. Durch Feld und Wiesen wandern wir,
   genießen die Natur.
   Wir tanken fleißig Sauerstoff,
   das kann uns nützen nur.
   Valleri, vallera, das kann uns nützen nur.

Geselligkeit

5. Und nach dem Mittagsschläfchen dann,
   sind wir erholt und frisch.
   Geh'n mutig an den Abend ran,
   so schön war's lange nicht.
   Valleri, vallera, so schön war's lange nicht.

6. Und wenn die Uhr dann Zehne schlägt,
   dann gehen wir zu Bett.
   Wir schlafen durch bis morgen früh,
   wie ist das doch so nett.
   Valleri, vallera, wie ist das doch so nett.

7. Wir wünschen eine gute Nacht,
   schlafen zufrieden ein.
   So ruhet aus und lasset uns
   noch lange Rentner sein.
   Valleri, vallera, noch lange Rentner sein.

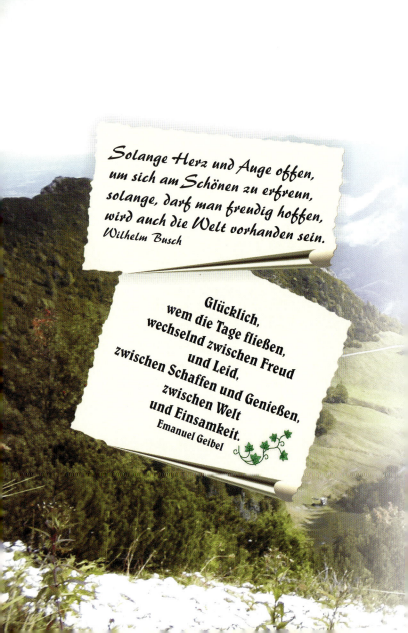

Solange Herz und Auge offen,
um sich am Schönen zu erfreun,
solange, darf man freudig hoffen,
wird auch die Welt vorhanden sein.
Wilhelm Busch

Glücklich,
wem die Tage fließen,
wechselnd zwischen Freud
und Leid,
zwischen Schaffen und Genießen,
zwischen Welt
und Einsamkeit.
Emanuel Geibel

Wandern

Der Frühling hat sich eingestellt
Volkslied

1. Der Frühling hat sich eingestellt, wohlan, wer will ihn sehn? Der muss hinaus ins freie Feld, ins grüne Feld nun gehn.

2. Er hielt im Walde sich versteckt,
   dass niemand ihn mehr sah;
   ein Vöglein hat ihn aufgeweckt,
   jetzt ist er wieder da.

Wandern

3. Jetzt ist der Frühling wieder da;
   ihm folgt, wohin er zieht,
   nur lauter Freude fern und nah
   und lauter Spiel und Lied.

4. Und allen hat er, groß und klein,
   was Schönes mitgebracht;
   und sollt's auch nur ein Sträußchen sein,
   er hat an uns gedacht.

5. Drum frisch hinaus ins freie Feld,
   ins grüne Feld hinaus!
   Der Frühling hat sich eingestellt,
   wer bliebe da zu Haus?

Das Wandern ist des Müllers Lust
Volkslied

2. I: Vom Wasser haben wir`s gelernt, :I
vom Wasser.
Das hat nicht Ruh` bei Tag und Nacht,
I: ist stets auf Wanderschaft bedacht, :I
das Wasser.

Wandern

3. I: Das sehen wir auch den Rädern an, :I
   den Rädern,
   die gar nicht gerne stille stehn
   I: und sich bei Tag nicht müde drehn, :I
   die Räder.

4. I: Die Steine selbst, so schwer sie sind, :I
   die Steine,
   sie tanzen mit den muntern Reihn
   I: und wollen gar noch schneller sein, :I
   die Steine.

5. I: O Wandern, Wandern meine Lust, :I
   o Wandern!
   Herr Meister und Frau Meisterin,
   I: lasst mich in Frieden weiter ziehn :I
   und wandern!

Im Frühtau zu Berge
Volkslied

1. Im Frühtau zu Ber-ge wir ziehn, val-le-ra, grün

schimmern, wie Sma-rag-de, al-le Höhn, val-le-ra!

Wir wandern oh-ne Sor-gen sin-gend in den

Morgen noch ehe im Ta-le die Häh-ne krähn.

Wandern

2. Ihr alten und hochweisen Leut,
   vallera,
   ihr denkt wohl, wir wären nicht gescheit,
   vallera!
   Wer sollte aber singen,
   wenn wir schon Grillen fingen
   in dieser herrlichen Frühlingszeit!

3. Werft von euch, ihr Menschen, alle Qual,
   vallera,
   kommt mit uns auf die Höhen aus dem Tal,
   vallera!
   Wir sind hinaus gegangen,
   den Sonnenschein zu fangen,
   kommt mit uns, versucht es doch auch einmal!

Nun ade, du mein lieb Heimatland
Volkslied

1. Nun a - de, du mein lieb Hei - mat - land, lieb Hei - mat - land, a - de!
   Es geht jetzt fort zum frem - den Strand, lieb Hei - mat - land, a - de!
   Und so sing ich denn mit fro - hem Mut, wie man sin - get, wenn man wan - dern tut: Lieb Hei - mat - land, a - de!

Wandern

2. Wie du lachst mit deines Himmels Blau,
   lieb Heimatland, ade!
   Wie du grüßest mich mit Feld und Au,
   lieb Heimatland, ade!
   Gott weiß, zu dir steht stets mein Sinn,
   doch zur Ferne zieht es jetzt mich hin:
   Lieb Heimatland, ade!

3. Begleitest mich, du lieber Fluss,
   lieb Heimatland, ade!
   Bist traurig, dass ich wandern muss,
   lieb Heimatland, ade!
   Aus der Ferne noch, du stilles Tal,
   grüß ich dich zum allerletzten Mal:
   Lieb Heimatland, ade!

Das Rentner - Wanderlied
Melodie: "Wem Gott will rechte Gunst erweisen"

1. Wem Gott will rechte Gunst erweisen, den schickt er in die weite Welt. Wir Alten gehen gern auf Reisen, wenn's uns zu Haus' auch gut gefällt.

Wandern

2. Sind wir auch nicht mehr jung an Jahren,
   so haben wir doch frohen Mut.
   Solang man Frohsinn kann bewahren,
   da geht es uns im Leben gut.

3. Wir wollen uns immer gut verstehen
   und immer gute Freunde sein,
   dann wird die Sorge auch vergehen,
   dann lacht der hellste Sonnenschein.

4. Hier ist ein Freundeskreis geschaffen,
   der unserm Leben Inhalt gibt,
   die vielen wunderschönen Stunden,
   die sind bei uns gar sehr beliebt.

5. Nun ist es gar nicht mehr so einsam,
   weil gute Laune Einzug hält,
   und ist man unter guten Freunden,
   dann ist es schön auf dieser Welt.

Frage nicht,
was das Geschick
morgen wird beschließen;
unser ist der Augenblick,
lass uns den genießen!
Friedrich Rückert

Du sehnst dich,
weit hinaus zu wandern,
bereitest dich zum raschen Flug.
So sei dir treu und treu den andern,
dann ist die Enge weit genug.
J. W. von Goethe

Wald- & Jagdlieder

Im tiefen Wald,
im dunklen Forst
erwacht die Gans
im Adlerhorst.
Sie schaut sich um
und denkt betroffen:
'Du lieber Gott,
war ich besoffen!'

Es blies ein Jäger wohl in sein Horn
Volkslied

2. "Soll denn mein Blasen
   verloren sein?
   Viel lieber will ich
   kein Jäger sein."

3. Er zog sein Netz wohl über den Strauch,
   da sprang ein schwarzbraunes Mädel heraus.

4. "Ach, schwarzbraunes Mädel, entspring mir nicht!
   Ich hab große Hunde, die holen dich."

Wald & Jagd

5. "Deine großen Hunde, die holen mich nicht,
   sie wissen meine hohen, weiten Sprünge nicht."

6. "Deine hohen, weiten Sprünge, die wissen sie wohl,
   sie wissen, dass du heute noch sterben sollst."

7. "Und sterb` ich heut, bin ich morgen tot,
   begräbt man mich unter Rosen rot."

8. Er warf ihr`s Netz wohl um den Fuß,
   dass sie zu Boden fallen muss.

9. Er warf ihr`s Netz wohl um den Arm,
   da war sie gefangen, dass Gott erbarm.

10. Er warf ihr`s Netz wohl um den Leib,
    da ward sie des jungfrischen Jägers Weib.

Im Wald und auf der Heide

Volkslied

1. Im Wald und auf der Hei - de, da such ich mei - ne Freu - de, ich bin ein Jä - gers - mann, ich bin ein Jä - gers - mann! Die For - sten treu zu pfle - gen, das Wild - bret zu er - le - gen, mein Lust hab ich dar - an, mein Lust hab ich dar - an! Hal - li, hal - lo, hal - li, hal - lo, mein Lust hab ich dar - an.

Wald & Jagd

2. Trag ich in meiner Tasche
   ein Trünklein in der Flasche,
   zwei Bissen schwarzes Brot,
   brennt lustig meine Pfeife,
   wenn ich den Wald durchstreife,
   da hat es keine Not.

3. Im Walde hingestrecket,
   den Tisch mit Moos mir decket
   die freundliche Natur.
   Den treuen Hund zur Seite,
   ich mir das Mahl bereite
   auf weiter, freier Flur.

4. Das Huhn im schnellen Fluge,
   die Schnepf` im Zickzackzuge
   treff` ich mit Sicherheit.
   Die Sauen, Reh` und Hirsche
   erleg`ich auf der Pirsche,
   der Fuchs lässt mir sein Kleid.

Wald & Jagd

5. Und streich ich durch die Wälder,
   und zieh ich durch die Felder,
   einsam den ganzen Tag.
   Doch schwinden mir die Stunden
   gleich flüchtigen Sekunden,
   tracht ich dem Wilde nach.

6. Wenn sich die Sonne neiget,
   der feuchte Nebel steiget,
   mein Tagwerk ist getan,
   dann zieh ich von der Heide
   zur häuslich stillen Freude,
   ein froher Jägersmann.

Ein Jäger aus Kurpfalz
Volkslied

2. Auf, sattelt mir mein Pferd
   und legt darauf den Mantelsack,
   so reit`ich hin und her als Jäger aus Kurpfalz.
   Juja, juja...

3. Jetzt reit`ich nicht mehr heim;
   bis dass der Kuckuck kuckuck schreit;
   er schreit die ganze Nacht allhier auf grüner Heid`.
   Juja, juja...

Auf, auf zum fröhlichen Jagen
Volkslied

Auf, auf zum fröh-li-chen Ja-gen, auf in die grü-ne Heid!
Es fängt schon an zu ta-gen, es ist die schön-ste Zeit.
Die Vö-gel in den Wäl-dern sind schon vom Schlaf er-wacht und ha-ben auf den Fel-dern das Mor-gen-lied voll-bracht. Tri-di-he-jo, di-he-jo, di-he-di, he-di-o, tri-di-o, he-jo, di-he-jo, di-he-di-o, tri-di-o.

Wald & Jagd

2. Frühmorgens, als der Jäger
in`n grünen Walde kam,
da sah er mit Vergnügen
das schöne Wildbret an.
Die Gamslein, Paar an Paare,
sie kommen von weit her.
Die Rehe und die Hirschlein,
das schöne Wildbret schwer.
Tridihejo...

3. Das edle Jägerleben
vergnüget meine Brust,
dem Wilde nachzustreifen,
ist meine höchste Lust.
Wir laden unsre Büchsen
mit Pulver und mit Blei;
wir führn das schönste Leben,
im Walde sind wir frei.
Tridihejo...

Bunt sind schon die Wälder
Volkslied

Bunt sind schon die Wäl-der, gelb die Stop-pel-fel-der, und der Herbst be-ginnt. Ro-te Blät-ter fal-len, grau-e Ne-bel wal-len, küh-ler weht der Wind.

2. Wie die volle Traube
aus dem Rebenlaube
purpurfarbig strahlt!
Am Geländer reifen
Pfirsiche mit Streifen
rot und weiß bemalt.

Wald & Jagd

3. Sieh! Wie hier die Dirne
   emsig Pflaum' und Birne
   in ihr Körbchen legt;
   dort, mit leichten Schritten,
   jene goldne Quitten
   in den Landhof trägt!

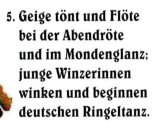

4. Flinke Träger springen,
   und die Mädchen singen,
   alles jubelt froh!
   Bunte Bänder schweben
   zwischen hohen Reben
   auf dem Hut von Stroh.

5. Geige tönt und Flöte
   bei der Abendröte
   und im Mondenglanz;
   junge Winzerinnen
   winken und beginnen
   deutschen Ringeltanz.

In unserem Walde
Volkslied

1. In unserm Walde singen die Vögel
   schöner als irgend sonst in der Welt.
   Bei den drei Buchen wohnt ja mein Schätzchen,
   Försters Kathrinchen, das mir gefällt.
   Tral-de-ral-la-la-la-la, tral-de-ral-la-la-la-la,
   tral-de-ral-la-la-la-la, tral-de-ral-la-la-la.

2. Glühn in den Zweigen abends die Sterne
   und aus der Ferne klingt leis das Lied,
   flüstert ein Märchen mir noch der Quelle
   tänzelnde Welle, mondlicht - durchglüht.
   Tralde - ral - la - la, tralde - ral - la - la ...

3. Dämmert der Morgen am Waldessaume,
   weckt aus dem Traume zärtlich das Glück.
   Lauf ich der Sonne jubelnd entgegen,
   auf allen Wegen jubelt's zurück.
   Tralde - ral - la - la, tralde - ral - la - la ...

In unserem Walde singt meine Uschi
Melodie: "In unserem Walde"

1. In unserem Walde singt meine *Uschi*
   schöner als irgend sonst auf der Welt.
   Bei den drei Buchen wohnt ja mein Schätzchen,
   meine Geliebte, die mir gefällt.
   Tralde - ral - la - la, tralde - ral - la - la ...

2. Glühn durch die Zweige abends die Sterne
   und aus der Ferne klingt leis ihr Lied,
   flüstert die *Uschi* mir noch der Quelle
   tänzelnde Welle, mondlicht - durchglüht.
   Tralde - ral - la - la, tralde - ral - la - la ...

3. Dämmert der Morgen am Waldessaume,
   weckt aus dem Traume zärtlich das Glück.
   Lauf ich der *Uschi* jubelnd entgegen,
   auf allen Wegen jubelt's zurück.
   Tralde - ral - la - la, tralde - ral - la - la ...

   (Es kann anstatt *Uschi*
   jeder beliebige Name eingesetzt werden!)

Zur Weggenossenschaft
gehören beide Gaben,
nicht bloß ein gleiches Ziel,
auch gleichen Schritt zu haben.
Friedrich Rückert

Die Liebe, wenn sie neu,
braust wie ein junger Wein:
Je mehr sie alt und klar,
je stiller wird sie sein.
Angelus Silesius

Lieder der Liebe

In allen guten Stunden
erhöht von Lieb und Wein,
soll dieses Lied verbunden
von uns gesungen sein.
So glühet fröhlich heute,
seid recht von Herzen eins.
Auf, trinkt erneuter Freude
dies Glas des echten Weins!

J. W. von Goethe

Lieder der Liebe

Jetzt kommen die lustigen Tage

Volkslied

1. Jetzt kom-men die lu-sti-gen Ta - ge,

Schät - zel, a - de, und dass ich es dir nur

sa - ge: es tut mir gar nicht weh!

Und im Sommer da blüht der ro - te, ro - te

Mohn, und ein lu - sti - ges Blut kommt

ü - ber - all da - von. Schät - zel, a - de, a - de,

Schät - zel, a - de, Schät - zel, a - de.

Lieder der Liebe

2. Und morgen, da müssen wir wandern,
   Schätzel, ade!
   Und küssest du gleich einen andern,
   wenn ich es nur nicht seh;
   und seh ich's im Traum, so bilde ich mir ein,
   das ist ja gar nicht so, das kann ja gar nicht sein.
   Schätzel, ade ...

3. Und kehr ich dann einstmals wieder,
   Schätzel, ade!
   So sing ich die alten Lieder,
   vorbei ist all mein Weh;
   und bist du mir dann gut wie einstmals im Mai,
   ja, so bleib ich bei dir und halte dir die Treu.
   Schätzel, ade ...

Lieder der Liebe

Du, du liegst mir im Herzen

Volkslied

1. Du, du liegst mir im Herzen, du, du liegst mir im Sinn; du, du machst mir viel Schmerzen, weißt nicht, wie gut ich dir bin; ja, ja, ja, ja, weißt nicht, wie gut ich dir bin.

Lieder der Liebe

2. So, so wie ich dich liebe,
   so, so liebe auch mich!
   Die, die zärtlichsten Triebe
   fühl ich allein nur für dich.

3. Doch, doch darf ich dir trauen,
   dir, dir mit leichtem Sinn?
   Du, du kannst auf mich bauen,
   weißt ja, wie gut ich dir bin.

4. Und, und wenn in der Ferne
   mir, mir dein Bild erscheint,
   dann, dann, wünscht ich so gerne,
   dass uns die Liebe vereint.

"Zu Dir oder zu mir?"

Lieder der Liebe

Es zogen auf sonnigen Wegen

Volkslied

1. Es zo - gen auf son - ni - gen We - gen drei

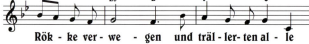

la - chen - de Mäd - chen vor - bei. Sie schwenk - ten die

Rök - ke ver - we - gen und träl - ler - ten al - le

drei: 1.-4. Ti - ra - la - la - la - la, ti - ra - la - la - la - la, ti-

ra - la - la - la - la, ti - ra - la - la - la - la, ti - ra - la - la - la - la, ti-

ra - la - la - la - la, ti - ra - la - la - la - la, ti - ra.

Lieder der Liebe

2. Ihr Lied klang so hell in die Weite,
   sie liefen so froh durch den Mai.
   Ich konnt' mich für keine entscheiden,
   drum küsst ich sie alle drei.
   Tiralalalala ...

3. Doch, ach, eine jede wollte haben,
   dass ich ihr Alleiniger sei.
   Kein Drittel, den ganzen Knaben,
   den wollten sie alle drei.
   Tiralalalala ...

4. Du Schwarze, du Blonde, du Braune,
   vergebt und vergesst und verzeiht.
   Will keiner verderben die Laune,
   drum lass ich euch alle drei.
   Tiralalalala ...

Wenn alle Brünnlein fließen

Volkslied

1. Wenn alle Brünnlein fließen, so muss man trinken,
   wenn ich mein Schatz nicht rufen darf, tu ich ihm winken.
   Wenn ich mein Schatz nicht rufen darf, ju, ja,
   rufen darf, tu ich ihm winken.

2. Ja, winken mit den Äugelein
   und treten auf den Fuß,
   ´s ist eine in der Stube drin,
   die meine werden muss.
   ´s ist eine in der … ju, ja …

Lieder der Liebe

3. Warum sollt sie´s nicht werden,
   ich hab sie ja so gern.
   Sie hat zwei blaue Äugelein,
   die leuchten wie zwei Stern`.
   Sie hat zwei blaue … ju, ja …

4. Sie hat zwei rote Wängelein,
   sind röter als der Wein.
   Ein solches Mädel findst du nicht
   wohl unterm Sonnenschein.
   Ein solches Mädel … ju, ja …

Mädel ruck ruck ruck
Volkslied

1. Mä- del ruck ruck ruck an mei- ne grü- ne Sei- te, i hab di gar so gern, i kann di lei- de. Bist so lieb und gut schön wie Milch und Blut,
du musst bei mir bleibe, mir die Zeit ver- treibe. Mä- del ruck ruck ruck an mei- ne grü- ne Sei- te, i hab di gar so gern, i kann di lei- de.

Lieder der Liebe

2. Mädel guck guck guck in meine schwarze Auge,
   du kannst die lieblichs Bildle drinne schaue.
   Guck no recht drei nei, du musst drinne sei;
   bist du drinne z' Haus, kommst au nimme' raus.
   Mädel, guck guck guck in meine schwarze Auge,
   du kannst die lieblichs Bildle drinne schaue.

3. Mädel du du du musst mir den Trauring gebe,
   denn sonst liegt mir ja nichts mehr an mei'm Lebe.
   Wenn i di net krieg, gang i fort in Krieg,
   wenn i di net hab, ist mir d' Welt ein Grab.
   Mädel du du du musst mir den Trauring gebe,
   denn sonst liegt mir ja nichts mehr an mei'm Lebe.

Trunken müssen wir alle sein!
Jugend ist Trunkenheit ohne Wein;
trinkt sich das Alter
wieder zur Jugend,
so ist es wundervolle Tugend.
J. W. von Goethe

Das Leben gleicht dem Traume,
so sagen die Weisen. Wohlan!
Schon will es mich selber dünken.
Zum Glase!
Zum Glase!
Wir trinken;
weit herrlicher träumt es sich dann.
Anton von Halem

Trink- & Spaßlieder

Ein Prosit der Gemütlichkeit

Ein Pro - sit, ein Pro - sit der Ge - müt - lich - keit, ein Pro - sit, ein Pro - sit der Ge - müt - lich - keit!

Die Getränke sind frei

Melodie: "Die Gedanken sind frei"

1. Die Getränke sind frei, wir woll'n einen heben. Wer immer es sei, der Spender soll leben! Man darf nicht vergessen: Drei Bier sind ein Essen. Drum Leber verzeih': Die Getränke sind frei.

2. Die Getränke sind frei
und gut für die Nieren.
Drum kommet herbei
und lasst euch kurieren.
Die Ärzte empfehlen
für durstige Kehlen
oft Bier als Arznei.
Die Getränke sind frei!

Trink- & Spaßlieder

3. Die Getränke sind frei,
drum lassen wir's laufen.
Das Gelbe vom Ei
ist kostenlos Saufen.
Man trinkt ohne Qualen
und denkt nicht an's Zahlen.
Es bleibet dabei:
Die Getränke sind frei.

4. Die Getränke sind frei,
das Glas man mir fülle!
Heut' ist es einerlei,
ich sammle Promille.
Heut' spielt's keine Rolle
und bei der Kontrolle
sag ich zur Polizei:
"Die Getränke waren frei!"

Rundgesang

Melodie: "Horch, was kommt von draußen rein"

**Kennt ihr schon den Rundgesang? Hollahi, hollaho!
Dabei wird die Zeit nicht lang, hollahiaho!
Alle singen mit im Chor, hollahi, hollaho,
dieses schöne Lied hier vor, hollahiaho!**

**Rundgesänge sind beliebt, hollahi, hollaho,
weil's viel runde Dinge gibt, hollahiaho!
Rund ist ja die ganze Welt, hollahi, hollaho,
rund der Ring und rund das Geld, hollahiaho!**

**Dieses Blatt, man muss es dreh'n, hollahi, hollaho,
so nur kann man weiter seh'n, hollahiaho!
Schaut mal euren Nachbarn an, hollahi, hollaho,
wie der fleißig drehen kann, hollahiaho!**

**Und auch eure Nachbarin, hollahi, hollaho,
drehet mit vergnügtem Sinn, hollahiaho!
Jeder singt und jeder dreht, hollahi, hollaho,
bis das Lied zu Ende geht, hollahiaho!**

**Sicher hat's schon mancher satt, hollahi, hollaho,
weil er einen Drehwurm hat, hollahiaho!
Immer enger wird der Kreis, hollahi, hollaho,
und so manchem wird es heiß, hollahiaho!**

Trink- & Spaßlieder

Worum aber dreht sich's heut'? Hollahi, hollaho!
Um ein Fest, das uns erfreut, hollahiaho!
Jeder hat den Dreh jetzt raus, hollahi, hollaho,
damit ist das Liedchen aus, hollahiaho!

Kennt ihr schon den Rundgesang? Hollahi, hollaho! Dabei wird die Zeit nicht lang, hollahiaho! Alle singen mit im Chor, hollahi, hollaho, dieses schöne Lied hier vor, hollahiaho! Rund ist ja die ganze Welt, hollahi, hollaho, rund der Ring und rund das Geld, hollahiaho! Dieses Blatt, man muss es dreh'n, hollahi, hollaho, wie der fleißig drehen kann, hollahiaho! Und auch eure Nachbarn, hollahi, hollaho, drehet mit vergnügtem Sinn, hollahiaho! Rundgesänge sind beliebt, hollahi, hollaho, bis das Lied zu Ende geht, hollahiaho! Sicher hat's schon mancher wird es heiß, hollahi, hollaho, weil er einen Drehwurm hat, hollahiaho! Schaut mal euren Nachbarn an, hollahi, hollaho, Immer enger wird der Kreis, hollahi, hollaho, und so manchem weil's viel runde Dinge gibt, hollahiaho! so nur kann man weiter seh'n, hollahiaho! jeder sitzt und jeder dreht, hollahi, hollaho, Worum aber dreht sich's heut'? Hollahi, hollaho! Um ein Fest, das uns erfreut, hollahi, hollaho, Jeder hat den Dreh jetzt raus, hollahi, hollaho, damit ist das Liedchen aus, hollahiaho!

Der Text wird, wie oben zu sehen, in eine Spirale geschrieben und als Kreis an alle Mitsingenden verteilt. Beim Singen sind dann alle "Chorsängerinnen und - sänger" fleißig am Drehen!

Ein Heller und ein Batzen
Volkslied

Trink- & Spaßlieder

2. Die Wirtsleut' und die Mädel,
   die rufen beid': O weh!
   Die Wirtsleut', wenn ich komme,
   die Mädel, wenn ich geh.

3. Mein' Strümpfe sind zerrissen,
   mein' Stiefel sind entzwei.
   Und draußen auf der Heide,
   da singt der Vogel frei.

4. Und gäb es keine Landstraß',
   da säß ich still zu Haus,
   und gäb's kein Loch im Fasse,
   da tränk ich gar nicht draus!

5. Das war 'ne rechte Freude,
   als mich der Herrgott schuf,
   'nen Kerl wie Samt und Seide,
   nur schade, dass er suff.

Der Mensch muss mal trinken
Melodie: "Es klappert die Mühle am rauschenden Bach"

1. Der Mensch muss mal trinken,
   sonst lebt er verkehrt, gluck - gluck.
   Dazu hat ihm Gott eine Kehle beschert,
   gluck - gluck.
   Und hat er kein Bier mehr und hat keinen Wein,
   dann kann's ja dazwischen
   ein Schnäpschen mal sein,
   gluck - gluck, gluck - gluck, Prost - Prost.

2. Wenn man sich mal ärgert
   und kriegt mal die Wut, ruck - zuck.
   Dann tut so ein Schluck
   aus dem Fläschchen uns gut, ruck - zuck.
   Wir spülen hinunter,
   was fest sitzt im Hals
   und irgendwas sitzt immer fest jedenfalls
   gluck - gluck, gluck - gluck, Prost - Prost.

3. **Und sitzt man mit Freunden
   und hat seinen Spaß, welch Glück.
   Dann zwinkert man fröhlich
   ins schäumende Glas, welch Glück.
   Da pfeift man auf alles, da ärgert uns nichts,
   da wird dann nur eins
   nach dem andern gezischt,
   gluck - gluck, gluck - gluck, Prost - Prost.**

4. **Und sagt mal der Petrus:
   'Jetzt Kumpel ist Schluss', ruck - zuck,
   dann lädt man ihn ein
   zu 'ner Weißen mit Schuss, ruck - zuck.
   Dann kriegt er Geschmack dran
   und bleibt einfach hier,
   und zecht fröhlich weiter mit dir und mit mir,
   gluck - gluck, gluck - gluck, Prost - Prost.**

Lasset die vollen Gläser erklingen
ein LEBEHOCH
dem Freund zu bringen:
Schenket nochmals die Gläser voll,
trinket auf des Freundes Wohl!
aus dem 19. Jahrhundert

So nehmet auch den schönsten Krug,
den wir mit frischem Trunk gefüllt,
ich bring ihn zu und wünsche laut,
dass er nicht nur den Durst euch stillt:
Die Zahl der Tropfen, die er hegt,
sei euren Tagen zugelegt.
J. W. von Goethe

Lieder zum Jubiläum

Seid, geliebte kleine Lieder,
Zeugen meiner Fröhlichkeit;
ach, sie kömmt
gewiss nicht wieder,
dieser Tage Frühlingszeit.
J. W. von Goethe

"Zum Geburtstag"
Melodie: "Nun ade, du mein lieb Heimatland"

1. Der .... wurde ..... Jahr
   oben, unten, vorne, hinten, überall.
   Zum Gratulieren sind wir da,
   oben, unten, vorne, hinten, überall.
   Und alle Leute können 's sehen:
   O schau, wie ist der .... schön,
   oben, unten, vorne, hinten, überall.

2. ...... Jahr' sind eine lange Zeit,
   oben, unten, vorne, hinten, überall.
   Doch keines hat er je bereut,
   oben, unten, vorne, hinten, überall.
   Und alle Leute können 's sehen:
   O schau, wie ist der .... schön,
   oben, unten, vorne, hinten, überall.

Jubiläumslieder

3. Darum wollen wir mit vollem Glas,
oben, unten, vorne, hinten, überall,
mit ihm trinken heut auf dies und das,
oben, unten, vorne, hinten, überall.
Und alle Leute können 's sehen:
O schau, wie ist der .... schön,
oben, unten, vorne, hinten, überall.

O ja, wir können 's alle sehen:
O schaut, wie ist der .... schön,
oben, unten, vorne, hinten, überall.

"Unser(e) .... ist heut 70 Jahr"
Melodie: "Von den blauen Bergen kommen wir"

1. Unser(e) .... ist heut 70 Jahr',
   kaum zu glauben, aber es ist wahr.
   Wein und Bier soll'n heute fließen,
   denn das wollen wir begießen,
   unser(e) .... ist heut 70 Jahr'.

2. Darum .... hol' die Gläser raus,
   wir woll'n feiern hier in deinem Haus.
   Zieh' die Börse aus der Tasche
   und spendier uns eine Flasche,
   darum .... hol' die Gläser raus.

3. Wir hab'n uns auf heute sehr gefreut,
   denn hier trifft man lauter nette Leut'.
   Und dazu das gute Essen
   und das Trinken nicht vergessen.
   Wir hab'n uns auf heute sehr gefreut.

4. Das Geburtstagskind, es lebe hoch,
   Glück, Gesundheit viele Jahre noch.
   Ja, jetzt hör'n wir auf zu singen,
   lasset hell die Gläser klingen.
   Das Geburtstagskind, es lebe hoch.

Jubiläumslieder

Geburtstagslied

Und wer im Januar geboren ist, steh auf, steh auf, steh auf. Er nehme sein Gläschen an den Mund und trinke es aus bis auf den Grund. Trink aus, trink aus, trink aus, trink aus, trink aus, trink aus.

2. Und wer im Februar geboren ist,
steh auf, steh auf, steh auf.
Er nehme sein Gläschen an den Mund
und trinke es aus bis auf den Grund.
Trink aus, trink aus, trink aus,
trink aus, trink aus, trink aus.

Es kann jeder beliebige Monatsname eingesetzt werden.

Zum Hochzeitstag
Melodie: "Alle Vögel sind schon da"

1. Alle Gäste sind schon da,
   alle wollen singen.
   Keinem war der Weg zu weit,
   jeder nimmt sich für euch Zeit,
   liebe Freunde sind bereit,
   ein Ständchen euch zu bringen.

2. Heut' ist euer Hochzeitstag -
   wir schütteln euch die Hände!
   50 Jahre Ehebund
   macht das ganze Leben rund.
   Und so tun wir hiermit Kund:
   Heut' wackeln hier die Wände!

3. Was wir euch heut' wünschen woll'n,
   nehmt es euch zu Herzen:
   Viele Stunden ohne Leid,
   gute Freunde, Spaß und Freud',
   heute bis in Ewigkeit,
   frohen Sinn und Scherzen.

Jubiläumslieder

4. Da die Kehlen trocken sind,
soll der Schluss erschallen:
Liebes Goldpaar bleibt gut drauf,
Glück für euren Lebenslauf,
macht nun schnell die Flaschen auf,
lasst die Korken knallen!

An einem Sommermorgen,
da nimm den Wanderstab,
es fallen deine Sorgen
wie Nebel von dir ab.
Des Himmels heitre Bläue
lacht dir ins Herz hinein
und schließt, wie Gottes Treue,
mit seinem Dach dich ein.
Rings Blüten nur und Triebe
und Halme, von Segen schwer,
dir ist, als zög' die Liebe
des Weges nebenher.
Theodor Fontane

Lustig ist das Seniorenleben

Der frühern Zeit gedenk' ich,
da alle Glieder noch gelenkig.
Bis auf eins.
Diese Zeiten
kehren niemals wieder,
versteift sind alle Glieder.
Bis auf eins.

Heinrich Heine

Meine Oma

Ihr lieben Leute, ich muss euch sagen,
die Omis von heut sind nicht, was sie waren.
So ging ich los mit Wein und Kuchen
und wollte die Oma zu Hause besuchen.
Doch von Weitem da hörte ich schon
die tiefen Klänge, den lauten Ton.
Sie stieg in den Wagen und brauste los
und übrig blieb eine Staubwolke bloß.
So steh ich hier mit meinem Korb
und Omi fährt mit dem Wagen fort.

Nach kurzem Grübeln fiel es mir ein:
Heute ist Montag, sie ist zum Sportverein.
Dort turnt sie von 14^{00} bis 16^{00} Uhr,
sie hält sich fit und hat 'ne tolle Figur.

Aus dem Leben

Auch am Dienstag passt es ihr nicht,
sie geht zur Schule, zum Sprachunterricht.
Mittwochs ist Malen und Handarbeit dran,
Donnerstag macht sie auf Wandersmann.
Der Freitag ist ebenso ausgebucht,
mit Yoga, denn das tut dem Rücken gut.
Im Anschluss daran geht sie saunieren
und lässt sich die Haare neu frisieren.
Sie muss schön sein, denn Samstagnacht
ist ihrer Tanzfreude zugedacht.
Sie schwingt das Bein bis in die Früh,
und sonntags geht's in die Revue.
Auch technisch ist sie aktuell,
ihr Handy - neuestes Modell!
So "SIMsen" wir dann hin und her
und sind dabei ganz familiär.

Will ich mit ihr 'nen Tag verbringen,
muss ich rechtzeitig darum ringen.
Dann schick ich übers Netz 'ne Mail,
und sag ihr so, dass sie mir fehlt.
Ja ist ihr Timer noch so voll,
meine Oma, die ist supertoll!

Aus dem Leben

Der Stuhl

Neulich war ich wirklich krank,
saß krumm und schief auf einer Bank.
War schlapp und matt, mit blassem Gesicht,
auch das Essen schmeckte mir nicht.

So raffte ich mich zum Doktor auf,
ich dachte, der schreibt bestimmt was auf.
"Wo fehlt es Ihnen, liebe Frau?
Beschreiben Sie es bitte ganz genau!"

"Ach Herr Doktor, wie soll ich' s sagen,
ich muss halt über alles klagen.
Am Schlimmsten ist's in meinem Bauch.
Der Magen drückt, der Darm tut's auch."

Der Doktor fragt: "Ist's ein Gewuhl?
Dann brauche ich morgen Ihren Stuhl!
Den muss ich sehen und kann dann sagen,
was nicht stimmt mit Ihrem Magen."

Ich trab nach Haus', denk vor mich hin,
was ich da wohl für'n Stuhl hin bring'.
Beim einen fehlt die Farbe und das Kissen,
beim andern war die Lehn' verschlissen.

Aus dem Leben

Damit durch's Dorf, was denken die Leute,
vornehme Stühle hat man doch heute.
Ich werd' mir beim Nachbarn einen borgen,
der hat ganz neue und fort sind die Sorgen.

Am nächsten Tag, so gegen acht,
hab ich mich, samt Stuhl, auf den Weg gemacht.
Der Doktor guckt, als wär ich nicht 'dicht':
"Ihren Stuhl brauch ich, versteh'n Sie denn nicht...?

Nun geh'n Sie nach Haus und gleich auf's Klo,
wischen Sie sich gründlich Ihren Po.
Dann bringen Sie mir, was Sie vollbracht
und bald werden wir sehen, was Ihr Körper hat."

Gesagt, getan und mit Pillen und Säften
konnte der Doktor das Gewühl entkräften.
Ich bin wieder fit, munter und heiter
und meine Pillen sind mein bester Begleiter.

Wir Rentner von heute

Ist es wirklich schwer auf Erden,
so in Würde alt zu werden?
Hört man doch tagaus, tagein,
man muss jung - dynamisch sein!
Freunde, lasst es uns doch wagen,
zu dem "Alter" ja zu sagen!

Wir haben nichts mehr auszustehen
und machen uns das Leben schön!
Und sind auch Falten im Gesicht,
das stört uns fitte Rentner nicht.
Hat doch das Leben sie geschrieben,
im Herzen sind wir jung geblieben.
Beim Wandern und auf unseren Reisen
wollen wir Mut und Kraft beweisen.
Erfreuen wir uns doch an Kultur,
an Kunst und Schönheit der Natur.

Aus dem Leben

Lasst uns tanzen, lasst uns singen,
mit lieben Freunden Zeit verbringen.
Froh sein wollen wir und lachen
und auch manchmal Unsinn machen.
Lasst uns unsere Hobbys pflegen,
im Garten unsere Hände regen.

Wir können endlos Bücher lesen,
das ist längst unser Wunsch gewesen.
Lasst uns fröhlich, ohne Klagen,
so den Rentenstress ertragen.
Wir werden den Humor behalten,
wir noch ganz intakten "Alten".
Kein Leiden wird uns unterkriegen
und keine Krankheit uns besiegen.
Was auch das Schicksal bringen mag,
wir danken doch für jeden Tag.

Aus dem Leben

Wir sind immer noch zur Stelle,
und der Verstand ist noch sehr helle!
Wenn wir auch bei Personennamen,
des öfteren ins Schleudern kamen.
Von Erfahrung ganz zu schweigen!
Es wird als sinnvoll sich erweisen,
dass wir pflegen mit Behagen
unseren Geist und auch den Magen,
dass wir unseren Körper trimmen
mit Gymnastik, Tanz und Schwimmen.

Es lässt sich also nicht bestreiten,
das "ALTER" hat auch schöne Seiten.
Drum wollen wir - wenig Sorgen habend,
genießen unseren Lebensabend!
Jeder macht's so gut er kann,
am besten ist's: Wir fangen's an!

Aus dem Leben

Die Gepäck - Hitliste

Jeder weiß, dass Senioren gerne verreisen. Damit bei Ihren Reisevorbereitungen nichts vergessen wird, haben wir zur gedanklichen Stütze eine Hitliste aufgestellt.

1. Ihren Partner (Frau/Mann, Freundin, Kumpel),
2. Haftcreme oder -puder für die 3.,
3. dieses Buch: "Lustig ist das Rentner-Leben",
4. Ihre Brille, sonst ist Position 3 & 9 hinfällig,
5. Wärmflasche, Heizkissen oder/und Schnaps,
6. Ohrstöpsel für den erholsamen Schlaf,
7. die kleine oder besser große Hausapotheke,
8. Stock, Schirm, Hut, Mütze und Gesangbuch,
9. Illustrierte mit reichlich Kreuzworträtseln, wenn Sie im Bus oder Zug Ihrem Nachbarn nicht mehr zuhören wollen und auch zum allgemeinen "Sing-Sang" keine Lust haben,
10. Ihre Zähne, sollte es sich um die 3. Ausführung handeln. Denn die eigenen können Sie ja nicht auf Ihrer Kommode vergessen ...!

Wenn ich auf Reisen gehe

Auf Urlaubsreisen war ich einst bedacht,
stets einzupacken, was mich glücklich macht.
Einen Lippenstift, den Lidschatten, die Puderdose
und Düfte nach Lavendel und nach Rose,
auch Cremetöpfchen für den Tag und für die Nacht,
ganz einfach alles, was mich glücklich macht.
Dazu die Kleider, luftig, leicht und bunt,
tief ausgeschnitten, einmal spitz, mal rund,
und seidene Hemden für die Nacht,
ganz einfach alles, was mich glücklich macht.

Heute sieht mein Kofferinhalt anders aus,
die Schönheitsmittel lass ich jetzt zu Haus.
Nicht Brauenstift und Puderdose,
Arthrosesalbe, Franzbranntwein
pack ich jetzt in den Koffer ein.
Die Kniewärmer für Tag und Nacht,
ganz einfach alles, was mich glücklich macht.

Aus dem Leben

Dazu Tabletten, Tropfen, Rheumamittel
und gegen Kälte warme Kittel.
Ein Döschen für's Gebiss bei Nacht,
ganz einfach alles, was mich glücklich macht.
Auch Gummistrümpfe, Zahnhaftcreme,
und Augensalbe, wenn es tränt,
die Wärmflasche für's Bett bei Nacht,
ganz einfach alles, was mich glücklich macht.

So hab - in vielen Lebensjahren
ich einen Wandel nun erfahren.
Doch bin wie damals stets bedacht,
nur einzupacken,
was mich glücklich macht!

Wer allzeit hinterm Ofen sitzt,
Grillen fängt und Hölzlein spitzt
und fremde Leute nie beschaut,
der bleibt ein Narr in seiner Haut.
Hans Sachs

Lebenslust

Alles, was wir lieben, lebe!
Alles, was uns hoch erfreut:
Wein und Frühling,
Frucht und Rebe,
jede Blüte, Herzensgüte,
Freundschaft und Geselligkeit!
Cheerio!
nach Ritter (19.Jhd.)

Geschichten für unterwegs

Bleibe nicht am Boden heften,
frisch gewagt und frisch hinaus!
Kopf und Arm mit heitern Kräften,
überall sind sie zu Haus.
Wo wir uns der Sonne freuen,
sind wir jeder Sorge los,
dass wir uns in ihr zerstreuen,
darum ist die Welt so groß.
J.W. von Goethe

Das kleine Reise-Quiz:

1. Wenn du um 8.00 Uhr ins Bett gehst und den Wecker so stellst, dass du morgens um 9.00 Uhr geweckt wirst, wie viele Stunden kannst du schlafen? *(eine Stunde)*

2. Wie viele Geburtstage hat der Mensch im Durchschnitt? *(einen)*

3. Einige Monate haben 31, andere nur 30 Tage. Wie viele Monate haben 28 Tage? *(alle)*

4. Ein Bauer hat 16 Schafe. Es sterben alle Schafe außer 9. Wie viele Schafe bleiben dem Bauern? *(9)*

5. Was war am 06.12.1949 in Berlin? *(Nikolaus)*

6. Berlin schreibt man vorne mit "b" und hinten mit "h". Stimmt das? *(ja)*

7. Wie oft kann man 1 von 10 abziehen? *(1mal)*

Für unterwegs

8. Wie viele Tiere jeder Art nahm Moses mit auf die Arche? *(keins, es war Noah!)*

9. Du bist der Enkel meines Vaters, der Neffe meines Bruder, doch ich bin nicht dein Vater. Wer bin ich? *(Mutter)*

10. Auf einem Dorfplatz steht ein 20 Zentner schwerer Stein und wenn ein Hahn kräht, bewegt er sich. Ist das möglich? *(natürlich bewegt sich der Hahn dabei)*

11. Du hast ein Haus, bei dem alle Wände nach Süden zeigen. Ein Bär kommt vorbei. Welche Farbe hat er? *(weiß, du bist am Nordpol)*

12. Wenn ein Nachtwächter am Tage stirbt, bekommt er dann Rente? *(nein)*

13. Du verreist mit einer E-Lok nach Süden. Wohin steigt der Rauch? *(es gibt keinen Rauch bei einer E-Lok)*

Falsch verbunden!

Der Rechtsanwalt telefoniert mit der Klinik:
"Hallo, ist dort die Klinik?"
"Ja, bitte."
"Ich möchte gerne den Chefarzt sprechen."
"Ja gerne, ich verbinde mit Dr. Fischer."
"Hallo, hier Dr. Fischer."
"Hier Rechtsanwalt Dr. Müller. Ich möchte gerne wissen, wie die Operation meiner Frau am vorigen Tag verlaufen ist." In diesem Moment wurde der Anwalt durch ein Versehen der Telefonistin mit der Autowerkstatt verbunden, die gerade mit einem Kunden über die reparierte PKW-Limousine sprechen wollte. "Hallo, hören Sie bitte? Es ist alles in Ordnung. Sie können sie morgen abholen."
"Hat sie dann alles gut überstanden?"
"Ja natürlich, die Arbeit war etwas aufwendig."
"Wieso aufwendig?" "Na wir haben ihr ein neues Hinterteil eingesetzt." "Was, ein neues Hinterteil? Weshalb denn?" "Das war allerhöchste Zeit. Das Loch war schon sehr ausgeleiert. Sie sind zu schnell auf ihr gefahren." "Was sagen sie da?"

Für unterwegs

"Ja, Sie brauchen jetzt gar nicht zu widersprechen. Es ist ohne jeden Zweifel an der starken Abnutzung der linken Wand zu sehen. Wahrscheinlich taugt ihr Kolben nichts mehr. Er ist abgenutzt und zu alt. Wir haben einen neuen eingesetzt, der mehr Leistung bringt. Das Resultat unserer Probe war ausgezeichnet. Sie hielt den Kolbendruck bei größter Belastung tadellos aus. Nach einer nochmaligen Schmierung haben sie vier meiner Kollegen getestet. Sie hat alles sehr gut überstanden. Sie hat zwar von Zeit zu Zeit hinten etwas geschleudert, aber alles gab sehr elastisch nach. Nach diesen Versuchen fing sie vorn an auszulaufen und hinten etwas zu rauchen. Wir haben alles mit einer neuen Dichtung und einem Ventil ausgebessert. Aber nach so großer Abnutzung kann man eben nicht viel verlangen. Sie ist ja nicht mehr die Jüngste. Es kann sein, dass Sie noch ein paar Jahre Freude an ihr haben werden und sie Ihren Anforderungen genügt."
"Na sagen Sie mal, was haben Sie denn mit meiner Frau gemacht?" "Wieso Ihre Frau, es geht um Ihr Auto guter Mann! Sie sprechen mit Ihrer Werkstatt und über Ihre Limousine, was dachten Sie denn ...!"
"Aber ich habe kein Auto in Ihrer Werkstatt ...!"

"Ehrlich f(w)ährt am Längsten ...?"

Ein betagter Mann fährt mit seinem Auto bei Rot über die Kreuzung. Sogleich stoppt ihn eine junge Polizistin: "Ihren Führerschein bitte! Sie sind soeben bei Rot über die Kreuzung gefahren."
Der Mann: "Ach, wirklich?! Einen Führerschein habe ich aber nicht." "Dann geben Sie mir bitte den Zulassungsschein!"
"Den hab ich auch nicht!" erwiderte der Mann.
"Schauen Sie doch mal ins Handschuhfach!"

"Da muss ich nicht reinschauen, da liegt nur mein 9mm Revolver drin."
"Wie bitte?" fragt die Polizistin erschrocken.
"So, dann öffnen Sie bitte den Kofferraum!"
"Nicht nötig," antwortet der Fahrzeugführer, "da hab ich meine erschossene Frau drin!"
Die Polizistin alarmiert die Kripo und einen zusätzlichen Streifenwagen. Der Einsatzleiter geht vorsichtig zu dem Wagen und verlangt nochmals nach den Papieren.

Für unterwegs

Der Mann händigt beides sofort aus.
"So und jetzt machen Sie langsam Ihr Handschuhfach
auf und geben mir vorsichtig den Revolver.
Dann öffnen Sie den Kofferraum."
"Welche Waffe soll ich Ihnen denn aushändigen?
Im Handschuhfach ist nur mein Verbandskasten."
Er öffnet und es ist nur der Verbandskasten drin.
"Dann zeigen Sie mir die Leiche im Kofferraum."
"Aber ich hab doch keine Leiche im Auto.
Da hinten ist nur mein Warndreieck
und mein Einkauf."
Er öffnet und siehe da, dort ist wirklich nur
das Warndreieck und der Einkauf des Herren.

Der Kriminalbeamte: "Das verstehe ich nicht,
meine Kollegin sprach von einem dubiosen Herren
ohne Papiere, mit einem Revolver und einer Leiche
im Kofferraum."
Der ältere Herr fängt schallend an zu lachen
und sagt: "Na ja - Ihre Kollegin hat auch behauptet,
ich wäre bei Rot über die Kreuzung gefahren ...!
Sie sollten sich mit ihr über ihren Eifer
unterhalten ...!"

Fritzchens Schulaufsatz

Fritzchen bekommt als Hausaufgabe das Aufsatzthema:
"Der Geburtstag eines Familienmitgliedes".
Er soll zusammengesetzte Hauptwörter vermeiden.
Also schreibt er:

Gestern war der Tag der Geburt meines großen Vaters. Schon früh am Morgen bereiteten Mutter und Oma das herrliche Essen des Festes vor. Meine Schwester reinigte gerade mit dem Sauger des Staubes den Teppich des Persers, als es an der Tür des Hauses klingelte.
Der Bote der Post brachte einen Brief der Eile.
Er war von der großen Tante aus dem Dorf Düssel.
Sie schrieb, sie könne nicht kommen, weil sie im Haus der Kranken liege und am Darm des Blinden operiert wurde.
Bald traf auch schon der erste Besuch ein, eine Schwester des Zwillings meines Vaters. Auch mein Onkel des Paten Paul erschien, der zur Feier des Tages eine rote Nelke des Bartes in seinem Loch des Knopfes trug.

Für unterwegs

Um 12⁰⁰ Uhr gab es dann das Mahl
des Mittags: Suppe des Schwanzes des Ochsen,
Fleisch des Rindes, Kartoffeln des Salzes,
Bohnen des Wachses, Kohl der Blumen und Salat des
Kopfes. Das Schönste war aber die Bombe des Eises,
die meine Mutter aus dem Schrank der Kühle nahm.
Nach dem Mahl unterhielten wir Kinder die
Erwachsenen mit Liedern des Volkes und Witzen der
Treppe. Mein Bruder spielte auf dem Klavier des
Schiffers und meine Schwester begleitete ihn
auf der Flöte des Blockes. Dann kam noch mehr
Besuch.
Die Brüder des Kegelns meines großen Vaters
und die Kapelle der Wehr des Feuers.
Die spielten flotte Musik des Marsches.

Am Nachmittag gab es dann Kaffee der Bohne,
Milch der Büchse und Zucker des Würfels.
Es gab Kuchen des Sandes und des Marmors,
Torten des Obstes, Nüsse des Pfeffers,
Beutel des Windes und Sahne des Schlages.
Dann brachte Oma noch Stiche der Biene
und viele Küsse der Mohren.

Für unterwegs

Es war klar, dass viele Besucher unser Klosette des Plumpses aufsuchen mussten.
Nach dem Kaffee machten wir einige Spiele der Gesellschaft.
Zum Brot des Abends gab es dann Salat der Kartoffel und des Herings, Fleisch der Welle und Schnittchen mit Wurst der Leber und des Blutes. Wer wollte, konnte auch Würstchen der Brühe mit Senf und Ketchup haben.
Dazu gab es Bier des Bockes und speziell für die Männer Wasser der Kirsche von den Wäldern der Schwarzen.
Wir Kinder bekamen den Saft der Beere des Johannis.

Leider sah Vater schon bald auf seine Uhr am Band des Armes. Wir mussten ins Zimmer der Kinder und in die Anzüge des Schlafes schlüpfen.
Unser jüngster Halter des Stammes kam erst noch auf den Topf der Nacht und dann in sein Bett der Gitter.
Dann krochen wir unter die Decke der Steppe und schliefen bald wie die Tiere der Murmel.

Für unterwegs

**Die Erwachsenen feierten noch bis zur Mitte der Nacht und schwangen das Bein des Tanzes. Am anderen Morgen krähte schon früh unser Hahn der Zwerge auf dem Haufen des Mistes vor dem Fenster des Zimmers. Mein großer Vater und mein Vater hatten den Jammer der Katze und meine Oma und Mutter einen Kopf des Brummens. Vater spürte das Brennen des Sodes. Alle schluckten Tabletten der Schmerzen des Kopfes und Tropfen der Melisse von der Frau des Klosters. Vater verzog sich mit der Bürste der Zähne und dem Tuch der Hand in das Zimmer des Bades.
Nach dem gemeinsamen Stück der Frühe ging der Vater zur Stelle der Arbeit und wir Kinder in die Hilfe der Schule.**

Gerne denke ich an den Tag der Geburt meines großen Vaters zurück!

Zum Jubiläum

Lieb-, Lied-,
und Weines Trunkenheit,
ob's nachtet oder tagt,
die göttlichste Betrunkenheit,
die mich entzückt und plagt.
J. W. von Goethe

Das kleine ZIG

Das kleine ZIG ist ein Fanal.
Mit ZwanZIG kommt's zum ersten Mal.
Du find'st das kleine ZIG recht fein
und möchtest gar noch älter sein.
Mit DreißIG macht es dir nichts aus.
Du kennst im Leben dich schon aus
und wirbelst fleißig und geschickt,
bis es zum nächsten Male ZIGt.

Mit VierZIG kommst du zur Besinnung,
gehörst schon fest zu deiner Innung
und machst vielleicht in deinem Glück
auch schon mal einen Blick zurück.
Mit FünfZIG kommt wie Donnerknall
dir vor das kleine ZIGsignal.

Zum Jubiläum

Du schlägst dir an die Brust im Gehen
und denkst: Das woll'n wir doch mal sehen!
Und gehst und gehst mit festem Blick,
und plötzlich macht es wieder ZIG.
Du bist erstaunt, ja fast perplex,
denn diesmal steht davor die Sechs.
Du sollst das Leben weiter lieben,
steht auch vor deinem ZIG die Sieben!

Dann steht, eh' du daran gedacht,
das kleine ZIG schon nach der Acht.
Bei bester Gesundheit sollt' es uns freu'n,
erreichst du vor dem ZIG die Neun.
Und werden's hundert Jahr - famos!-
dann bist das ZIG du wieder los!!!

Der wundersame 70. Geburtstag

70 Jahre tapfer leben,
70 Jahre schaffen, streben,
das ist Segen ohnegleichen,
nicht jeder kann's erreichen.
70 - diese Zaubersieben
ist ein Jahr, das muss man lieben.

Tu ins Märchen einen Blick:
7 heißt dort immer Glück!
7 Geißlein, 7 Raben,
7 köstlich dicke Schwaben,
7 aus dem Zwergenreich,
7 gar auf einen Streich!
Auch bei allen Schäfersleuten
tut die 7 viel bedeuten.
7 Kräutlein sind von Nöten,
dass sich blasse Wangen röten.
7 Gifte man versenke
in die Zauberliebestränke.
Auch der Lebkuchen wird mit 7
der Gewürze vorgeschrieben.

Zum Jubiläum

Schaut man sich im Altertum
nach der Wundersieben um,
ist sie überall zu finden:
Mond- und Sonnenbahnen tragen,
jede Woche mit 7 Tagen,
7 Wunder hat die Welt
und sogar am Himmelszelt
strahlt die hohe Sternensieben
feurig in das Schwarz geschrieben.

25000 Tage
- welche Lust und welche Plage.
6 mal 100000 Stunden
- wie viel Freude, wie viel Wunden.

70 Jahre - ein langes Leben
und nun heißt es: Weiter streben!
Immer höher, immer weiter
bis zur letzten Sprosse heiter.
Wann sie kommt kann niemand sagen,
wir hoffen erst in vielen Jahren!

Willkommen im Verein

"Alte Schachtel"

Mit Vollendung des .... Lebensjahres
dürfen wir Sie ab heute
in unserem Verein begrüßen.
Sie dürfen jetzt die überreichte
"Alte Schachtel"
am Kostümrevers tragen
und Ihren Namenszug mit
diesem Titel ergänzen.
Legen Sie stets ein gutes Verhalten
an den Tag, so können wir Ihnen später
bedenkenlos den Titel
"Uralte Schachtel"
verleihen.

Die Vorsitzende

Zum Jubiläum

Es werden nebenstehende Urkunde und
eine kleine Pappschachtel (mit einer kleinen
Sicherheitsnadel zum Befestigen) gebastelt.

<u>Zum Überreichen wird folgender Text vorgelesen:</u>
Sehr geehrtes Mitglied ....(Name)
Wir freuen uns, Ihnen mitteilen zu können, dass Sie
nun mit Vollendung Ihres ..... Lebensjahres in den
Verein "Alte Schachtel" aufgenommen werden.
Lange mussten Sie auf diesen großen Tag warten.
Wir haben indes Ihre Lebensgewohnheiten, Kontakte
zu Ihren Mitmenschen und den Umgang mit anderen
"Alten Schachteln" beobachtet und für gut befunden.
Wir beglückwünschen Sie zu Ihrer Aufnahme!
Sie legen nun nicht die Hände in den Schoß! Nein!
"Alte Schachtel" zu sein heißt nun den Arbeiten in
Haushalt und Küche fern zu bleiben und sie unter den
anderen Familienangehörigen gut zu verteilen.
Frondienste jeglicher Art sind ab sofort untersagt.
Es ist Ihnen beim Verlassen des Hauses immer
ausreichend Geld oder besser gleich die Kreditkarte
zu überlassen. Beim Heimkommen werden Ihnen
unverzüglich die Pantoffel, Ihre Kosmetik, Illustrierte,

Zum Jubiläum

Getränke und was Sie sonst noch wünschen, gereicht.

Sie dürfen beim Schreiben Ihres Namens ab sofort den Titel "Alte Schachtel" hinzufügen.
Ihre heutige Feier steht ganz im Zeichen der Aufnahme in den Verein und nicht etwa aus Anlass Ihres ..... Geburtstages.

Sie dürfen nun anstelle des Bundesverdienstkreuzes die hier überreichte "Alte Schachtel" am Reverskragen tragen.
Wir hoffen auf ein weiterhin tadelloses Verhalten im Sinne unseres Vereines, damit wir Ihnen bedenkenlos nach zehn Jahren bester Führung den Titel "Uralte Schachtel" verleihen können.

Mit großer Freude und Ergriffenheit begrüßt Sie die Vereinsvorsitzende mit
"SCHACHTEL OLÉ"!

Es wird die Urkunde überreicht und die kleine Schachtel am Kostüm befestigt.

Zum Jubiläum

Urkunde
Mitglied im Verein "Alter Sack"

Mit der heutigen Vollendung Ihres
.... Lebensjahres
begrüßen wir Sie in unserem Verein.
Tragen Sie den überreichten
"Alten Sack"
würdevoll am Revers Ihres Anzuges
und fügen Sie den neuen Titel Ihrem
Namen hinzu.
Wenn Sie sich stets ehrenvoll verhalten,
können wir Ihnen in baldiger Zukunft
bedenkenlos den Titel
"Uralter Sack"
verleihen.

Der Vorstand

Zum Jubiläum

Für den Herren wird ein Sack aus Leinen oder anderem Stoff gebastelt. Dieser wird hinten mit einer kleinen Sicherheitsnadel versehen, um ihn dann am Reverskragen des Jubilar's anstecken zu können.
<u>Überreichen Sie den Sack und die Urkunde nach dem Vorlesen folgenden Textes:</u>

Sehr geehrtes neues Mitglied, wir freuen uns, Sie mit dem heutigen Tag in unseren Reihen begrüßen zu dürfen. Ihrem schon langjährig vorliegenden Antrag kann mit dem heutigen Tage entsprochen werden und ist somit genehmigt.
Nach langem Prüfen Ihrer Person halten wir Sie für würdig, Mitglied unseres Vereines zu sein.
Als "Alter Sack" werden Sie jedoch stets und ständig die Gelegenheit haben, sich in unserem Kreis bewähren zu können.
Als Zeichen Ihrer Zugehörigkeit tragen Sie ab heute Ihren überreichten "Alten Sack" am Revers Ihres Anzuges.
Zur Begrüßung Ihrer Vereinskameraden gilt der Ruf: "Sack OLÈ!"

Zum Jubiläum

Als Patriarch der Familie genießen Sie ab sofort alle Vorzüge des täglichen Lebens. Es werden Ihnen unaufgefordert die Pantoffel gereicht, es wird Ihnen die Zeitung vorgelesen und alles nachgeräumt.
Sie haben sich von jeglichen Garten-, Hof-, Keller- und Hausarbeiten fern zu halten.
Diese Aufgaben verteilen Sie nun an die Familie.

Wenn Sie ein recht gutes Verhalten an den Tag legen, verleihen wir Ihnen in absehbarer Zeit gern den Titel "Uralter Sack".
Von ein paar Ausrutschern wegen Alkoholgenuss, sehen wir gern ab, wir sind doch alle <u>nur Männer</u>!

In Freude und Ergriffenheit begrüßt Sie der Vorstandsvorsitzende recht herzlich!
In diesem Sinne: "SACK OLÈ!"

Als Zeichen der Zugehörigkeit wird nun der kleine Stoff- oder Leinensack mit einer Sicherheitsnadel am Revers befestigt und die Urkunde überreicht.

Einen Hut voll Geld

Zu deinem heutigen Jubelfeste
wünschen wir dir nur das Beste.
Hab keine Angst, wir wollen nicht singen,
wir möchten Dir was Nettes bringen.

Der Tag heut' kostet wohl 'ne Stange Geld,
so ist das nun auf dieser Welt.
Doch fällt die Party heut nicht aus,
denn wir helfen mit 10 Cent dir aus.
(10 Cent in den Hut werfen)

Zur heutigen Zeit mit starker Inflation
sind doch 10 Cent der blanke Hohn.
Die Feier ist uns viel mehr wert.
Deshalb wirst du
mit diesem Euro nun beschert.
(1 Euro in den Hut werfen)

Zum Jubiläum

Am heutigen Tag - du brauchst nicht abzuwinken,
wollen wir gut essen und auch trinken.
Kannst du das Geld von den Bäumen pflücken?
Wir wollen dich mit einem Fünfer beglücken.
(5 Euro in den Hut werfen)

Liebe(r) ...., wir wollen dir noch was geben,
vom Glückwunsch allein kann man nicht leben.
Was sollen wir schenken?
Blumen, Bücher oder Wein?
Nein, wir werfen lieber noch einen Zehner rein.
(10 Euro in den Hut werfen)

Ein Fahrrad befindet sich in deinem Besitz,
das war nicht billig und fährt wie der Blitz.
Bist viel unterwegs, das macht uns froh,
und unterstützen dich gerne mit 20 Euro.
(20 Euro in den Hut werfen)

Zum Jubiläum

Du merkst, wir machen uns nicht viel aus Geld,
doch hoffen wir, du hast uns einen Schnaps bestellt.
Nun reicht es auch, wir geben Ruh'
und legen noch 'nen Fünfziger zu.
(50 Euro in den Hut legen, warten & einen Schnaps trinken)

So nun lass uns nochmal drüber reden
und alles gründlich überlegen.
Auch kleine Dinge können große Freude sein,
so nehmen wir zurück - den braunen Schein.
(50 Euro wieder aus dem Hut nehmen)

Wir feiern nicht wie die größten der Welt,
trotzdem kostet die Heimfahrt 'ne Menge Geld.
Teuer ist es nach Hause zu kommen,
so haben wir den Zwanziger wieder entnommen.
(20 Euro wieder aus dem Hut nehmen)

Bevor uns die Wirklichkeit ganz überrollt,
mein(e) liebe(r) ...., du hast die Feier gewollt!
Du musst bezahlen und nicht wir,
also her mit dem Zehner, dafür lieber Bier.
(10 Euro aus dem Hut nehmen)

 **Zum Jubiläum**

**Worum es geht, hast du schon gesehen,
wir lassen dich ganz schön im Regen stehen.
Du sollst kein trauriges Gesicht heut machen,
weg mit dem Fünfer, lass uns drüber lachen.**
(5 Euro aus dem Hut nehmen)

**Nun scheint uns alles recht stark übertrieben,
du hast keine Zeit, mit so viel Geld zu üben.
Du bist auch ohne Geld ganz froh,
ein Griff in den Hut und fort ist der Euro.**
(1 Euro aus dem Hut nehmen)

**Liebe(r) ...., nun ist es jedoch genug,
es ist sowieso alles Lug und Betrug.
Wir nehmen 10 Cent - den letzten Rest
und bedanken uns für das schöne Fest.**
(10 Cent aus dem Hut nehmen)

**Doch ganz ohne Geld sollst auch Du nicht sein,
so tun wir Dir einen Glückscent hinein.
Trag ihn zur Bank und leg ihn an,
dann geht's mit dem Sparen so richtig voran!**

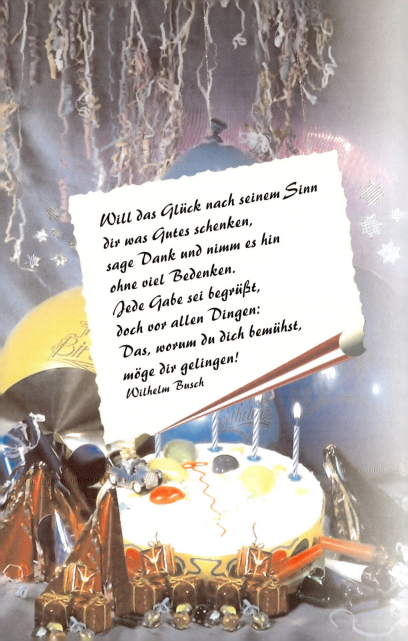

Originell verschenkt

Wohl hat der Frühling seine Feste,
die Jugend hat ihr freudig Spiel,
doch auch der Herbst hat frohe Gäste,
sein Fest hat jedes Lebensziel.

Wir fühlen's heut, und nicht vergebens
verbindet sich am schönsten Tag
des Jahres Herbst, der Herbst des Lebens
zu einem freundlichen Gelag.

("Zum Geburtstag des Oheims Schmid")
Ludwig Uhland

Eine ganz besondere Kette

Gestatte, dass an diesem Tage
auch ich hier ein paar Worte sage.

Denn .... Jahre sind es wert,
dass man Dich hier gebührend ehrt.
Sie ist zwar nicht aus Edelstein,
auch nicht aus Gold und Elfenbein.
Viel mehr hab ich so mit der Zeit
hier viele Münzen aufgereiht.
Es sind, so zähl sie nur einmal,
jetzt .... an der Zahl.
Und jedes dieser Exemplare
steht für eines Deiner Jahre.
Doch Du erkennst wohl sicher leicht,
dass keine einer anderen gleicht.
Da gibt es nämlich manches Stück,
das glänzt und strahlt vor lauter Glück.
Und diese stehen hier für ein Jahr,
in dem man richtig glücklich war.
Daneben sieht man aber doch
so manche dunkle Münze noch.
Und diese zeugen von den Jahren,
die nicht die allerbesten waren.

Originell verschenkt

**Es hat ja wohl in jedem Leben
mal Licht, mal Schatten doch gegeben.
Nun aber höre ganz privat
von mir den wohlgemeinten Rat:
Zieh Dich mit dem guten Stück
ins stille Kämmerlein zurück.
Mach nun für Dich alleine nur
einmal Bilanz und Inventur.
Nun zum Schluss, ich sag es offen,
lasst uns für die Zukunft hoffen!
Dass ich mit vielen Münzen Dir
verlängern kann die Kette hier.**

*Nehmen Sie das zu verschenkende Hartgeld
und reihen Sie es mit doppelseitigem Klebeband auf
ein hübsches Geschenkband und tragen Sie
zum Verschenken der Kette die Verse vor.*

Die Odyssee eines Päckchens

*Sie brauchen ein hübsches Päckchen,
in dem auch ein richtiges Geschenk sein sollte!
Das Päckchen wird dann
dem Text entsprechend, weitergereicht.
In einer großen und lustigen Gästerunde
sorgt diese Aktion
für spaßige Unterhaltung.
Der Schenkende liest dann vor:*

"Liebe Gäste,
Ihr habt es vernommen,
hier ist ein Päckchen angekommen.
Ich öffne es nicht, ich bin schlau
und gebe es meiner Nebenfrau.
Du hältst es nun in deinen Händen,
doch darfst Du es nicht einmal wenden.
Das Päckchen, es gehört nicht Dir,
so reich's dem Herrn, weitab von Dir.

Originell verschenkt

Schauen Sie es ruhig an und haben Sie Schneid
und reichen Sie es der Frau
mit dem schönsten Kleid!
Ihr Kleid ist hübsch und auch sehr fein,
doch soll das Päckchen nicht das Ihre sein.
Geben Sie es weiter, aber nicht Ihrer Base,
sondern dem Herrn mit der größten Nase.
Die größte Nase haben Sie hier wohl,
doch sei das ja ein gutes Symbol.
Den Inhalt sollen Sie nicht erraten,
geben Sie es der Frau mit den schönsten Waden.
Sie haben schöne Waden und Beine auch,
geben Sie es dem Mann mit dem dicksten Bauch.

Billig war Ihr Bäuchlein sicher nicht,
nun stellen Sie sich mal richtig ins Licht.
Auf, auf, nun geht das Päckchen weiter auf Tour,
bringen Sie es der Frau mit der schönsten Frisur.
Um Ihre Frisur sind Sie wirklich zu beneiden,
doch sind Sie dabei doch viel zu bescheiden.

Denn das Päckchen ist noch nicht am Platze,
bringen Sie es dem Herrn mit der schönsten Glatze.
Ihre Glatze ist ja eine große Ehr',
das kommt sicher vom Denken her.
Doch heute lassen wir das Denken sein,
geben Sie es der Frau mit den schönsten Äugelein.
Schöne Augen sind immer ein Genuss,
geben Sie dem Herrn dafür einen Kuss.
Leider muss das Päckchen noch immer wandern,
geben Sie es dem größten Herrn vor allen anderen.
Sind Sie der Größte, oder nur der Längste?
Dann ist das ein Fall von 'Denkste'!

Unser Geburtstagskind lacht,
nun geben Sie ihm schnell die Fracht,
denn nur für Dich ist es gedacht!
Du kannst es öffnen, jetzt und gleich,
es hat bei Dir sein Ziel erreicht!

Originell verschenkt

Die Geburtstagstasse

Zu Deinem Tag heut, zu Deinem Feste,
wünschen auch wir Dir nur das Beste.
Und weil uns Deine Wünsche entgingen,
so wollen wir Dir was Praktisches bringen.
Wir schenken Dir - ist das nicht Klasse,
'ne dicke, große Geburtstagstasse!
Denn hast Du Sorgen, tut Dir was weh,
dann trink aus dieser Tasse Tee.
Bist Du gar müde und schläfst nicht ein,
so trink aus dieser Tasse Wein.
Hast Du mit der Verdauung Mühe,
so schlürf daraus 'ne heiße Brühe.
Und ist die Welt Dir grau und fade,
dann trink daraus 'ne Schokolade.
Ich glaube auch, dass es Dir schmeckt,
trinkst Du aus dieser Tasse Sekt.
Nimm Blumensamen, Erde drauf,
dann geh'n darin die Blumen auf.
Für Krimskrams ist sie stets zur Hand,
für Nägel, Schrauben, Gummiband.
Drum soll für alle Zeiten
Dich diese Tasse stets begleiten.
Sie ist ganz einfach große Klasse,
diese dicke, große Tasse!

Die schönsten Latschen

Mit jedem Tage wird man älter
und unsere Füße leider kälter.
So haben wir dann nachgedacht
und für Dich Latschen mitgebracht.
Die Latschen sind recht warm und fein,
ein jeder Fuß passt dort hinein.

Auch zum Wandern - ist doch klar,
kannst Du sie nehmen, das ganze Jahr.
Beim Tanzen bist du wohlauf,
du merkst es nicht, tritt einer drauf.
Wir ....(Familien - Name nennen)
haben gut gespart,
das letzte Geld zusammen gescharrt.
So hörten wir auf, die Gläser zu schwenken,
denn wir wollten Dir diese Latschen schenken.

Originell verschenkt

**Und hast Du einmal nichts zu beißen,
kannst Du sie in den Kaffee schmeißen.
Sie sind dann weich, gut zu verdauen,
Du brauchst sie nicht einmal zu kauen.
Drum pflege und achte die Latschen sehr,
so herrliches Schuhwerk bekommst Du nie mehr!
Drum zieh jetzt einmal diese Dinger hier an,
denn wir wollen sehen, wie Du damit tanzt.**

❶ ❷ *aushöhlen!* ❸

*Aus zwei Broten werden die Latschen geschnitten.
Höhlen Sie die Brote aus, verzieren Sie diese
mit kleinen Schleifen oder Bommeln
und dekorieren Sie Ihr Geschenk
auf einer festen Pappe. Schlagen Sie alles
mit durchsichtiger Geschenkfolie ein,
binden Sie ein Bändchen drum
und fertig ist Ihr "Geschenk-Latschenpaar".*

Die Geburtstagstorte

Zum Geburtstag, das ist klar,
passt eine Torte wunderbar.
Doch vieles ist erst zu bedenken,
will man eine Torte gern verschenken.
Bei Buttercreme die Kalorien,
die Werte gar beim Cholesterin.
Kirschtorte mag nicht jeder gern,
beißt man zu oft auf einen Kern.
Bei Erdbeeren weiß man doch nie,
gibt es dann vielleicht 'ne Allergie?
Stachelbeeren sind auf die Dauer
viel zu herb und auch zu sauer.
Kiwitorten sind exotisch,
Herrentorten zu erotisch!
Lange haben wir studiert
und so manches ausprobiert.
So ist uns doch was eingefallen,
wir hoffen auf dein Wohlgefallen.
Das Ergebnis siehst du hier,
eine Torte aus NULL-NULL-PAPIER!

Originell verschenkt

Sie ist sehr schön und groß geworden,
Du brauchst sie viel an stillen Orten.
An's Zunehmen ist nicht zu denken,
nein, sie hilft Dir beim Versenken.
Sie muss nicht in den Tiefkühlschrank,
sie hält sich frisch, ein Leben lang.
Für's Nasewischen, Spiegelputzen
kannst Du sie außerdem benutzen.
Genieße sie nun - Stück für Stück,
wir wünschen Dir dazu viel Glück!
Gesundheit und ein langes Leben,
lasst uns darauf das Glas erheben!

Alles Gute!

Sie benötigen:
eine Pappe als Untersetzer,
Schleifenband oder fertige Schleifen, einige
künstliche Blumen, Stecknadeln oder Klebeband
zum Befestigen der Schleifen und Blumen.
Es kann auch als Geldgeschenk
mit Scheinen dekoriert werden!

"Gisela in Öl"
(Name der Jubilarin)

Liebe Gisela, zu Deinem ... Geburtstagsfeste
wünschen auch wir Dir nur das Allerbeste!
Gesundheit und ein langes Leben
sei Dir weiterhin gegeben.
Du hast die ... nun erreicht
und jeder Kenner sieht hier gleich:
Bei so viel Tun, Engagement & Lebenskraft
wird von Dir die 100 leicht geschafft.

Doch was sind Worte, was sind Wünsche,
sind alles Phrasen, ist alles Tünche.
So ein Tag ist es wohl wert,
dass man Dich besonders ehrt.
Wir wollten was "Besonderes" schenken,
doch viel gibt's dabei zu bedenken.
Dies ist zu teuer, das brauchst du nicht.
Doch liebe Gisela, wie ehren wir Dich?

Wir haben lange überlegt,
das Für und Wider abgewägt,
womit wir Dich heut bescheren,
Dich erfreuen, Dich gar ehren.
Da kam uns die Idee recht schnell:

Originell verschenkt

Alle Großen dieser Welt
werden stets in "ÖL" dargestellt.
Darum hielten wir es für angemessen,
auch Dich, liebe Gisela nicht zu vergessen.
Ja, Du wurdest porträtiert
und später gleich noch archiviert.
Lange schon haben wir
einen Malkurs genommen
und das ist dabei herausgekommen.

*Es wird die
Geschenktüte
oder der Karton
hochgehalten*

Du hast nun die Pflicht zu erfüllen,
dieses Kunstwerk zu enthüllen.
Das wir trefflich in "ÖL" wiedergeben:
GISELA IM WAHREN LEBEN!
Detailgetreu bis zum Kleinsten,
die Materialien alle nur vom Feinsten.

 Originell verschenkt

Die zarten Farben, allerfeinster Schimmer
sind einzigartig, Du findest sie nimmer.
Ein prunkvoller Rahmen
war nicht zu bekommen,
so haben wir ihn schlicht
in kunstvollem Glas genommen.
Er kleidet Dich ganz wunderbar,
zumal er auch nicht teuer war.
Der Erfolg nun hier für sich spricht:
GISELA IN "ÖL" IST EIN GEDICHT!

Dieses Bild nun Deine Wohnung ziert,
gib ihm den Platz, der ihm gebührt.
Und hüte diese Kostbarkeit,
zur Erinnerung an eine schöne Zeit!

Originell verschenkt

So wird's gemacht:

Drucken Sie ein Foto Ihres zu Beschenkenden auf einem normalen Farbdrucker über den PC aus. Wenn Sie über diese Technik nicht verfügen, bitten Sie jemanden aus ihrem Familien- oder Bekanntenkreis darum. Nehmen Sie ein möglichst randloses, weißes Schraubglas. Sie schneiden das ausgedruckte Bild passend zurecht und "stellen" es an die Innenwand des Glases ❶. Nun füllen Sie das Glas mit normalem Speiseöl auf und verschrauben es gut ❷.

Besorgen Sie sich einen hübschen Geschenkkarton oder eine Geschenktüte aus dem Schreibwarenladen und stellen Sie dort Ihr Kunstwerk hinein ❸. Zur Überreichung wird dann das Gedicht vorgelesen und das Geschenk an entsprechender Stelle übergeben.

Ein frustrierter Ehemann hat wieder mal Krach mit seiner Frau und stürmt so in die nächste Kneipe. Er trinkt einen Schnaps nach dem anderen. Als er bezahlen muss, flucht er laut:
"Was mich das Weib schon für Geld gekostet hat …!"

Witze & Trinksprüche

Zwei Tresenkumpel sitzen beim Bier.
"Mensch Walter, meine Alte ist daran schuld, dass ich so weiße Haare kriege."
"Echt? So'ne Frau hätt' ich auch gern!"

"Weißt Du, ich möchte in Würde alt werden ...!"
"Ehrlich? Also ich lieber auf Mallorca ...!"

Schenk mir ein
den Gerstensaft,
schenke mir ein.
DURST
ist so grauenhaft,
trinken ist fein.

"Hans, ich habe mir ein Hörgerät gekauft und höre jetzt alles!" "Was hat es denn gekostet?"
"Was, das rostet doch nicht ...!"

Witze & Trinksprüche

Eine Dame bekommt von ihren Kindern zum 70. Geburtstag eine Luxus-Schiffsreise geschenkt. Dann endlich auf See schlendert sie übers Deck. Ein gut aussehender Offizier kommt ihr entgegen. "Ach junger Mann, Sie sind sicher der Kapitän?" fragt die Dame. "Aber nein, ich bin der Deckoffizier." antwortet dieser und geht weiter. Freudig überrascht schaut die ältere Dame dem Offizier nach und sagt: "Also sowas, die denken hier wirklich an alles ...!"

So hebt das Glas und lasst es klingen, dieser Trunk soll Freude bringen! Prost!

Witze & Trinksprüche

**Füllt die Gläser voll
und stoßet
herrlich an,
dass hoch das Mädel
leben soll,
denn es gehört dem Mann.
Haltet sie ehrlich,
lieb und wert
und füllt die Gläser voll
und trinkt,
auch wenn uns keiner hört,
auf aller Mädel Wohl!**

Das Gebet eines betagten Rentners: *"O Herr, du hast mir das Können genommen, jetzt nimm mir auch das Wollen ...!"*

Witze & Trinksprüche

Der Bus hält an der Haltestelle, eine alte Dame steigt ein und reicht dem Busfahrer -wie jeden Dienstag- eine Tüte Haselnüsse.
Der Busfahrer bedankt sich
- wie auch jeden Dienstag - höflich.
Nach acht Wochen fragt er dann endlich:
"Liebe Frau, es ist schrecklich nett, dass Sie mich beschenken, aber das muss doch nicht sein.
Sie bringen mich in Verlegenheit."
"Ach junger Mann, wissen Sie, das ist so:
Sonntags kommt mich regelmäßig mein Enkel besuchen. Er bringt mir dann dieses leckere Konfekt mit. Ich esse das so furchtbar gern.
Aber wissen Sie, die Nüsse,
die kann ich nicht mehr beißen ...!"

Wein und schöne Mädchen sind zwei Zauberfädchen, die auch den erfahr'nen Vogel gern umgarnen.
Friedrich Rückert

Witze & Trinksprüche

Eine alte Dame ruft aufgeregt bei der Feuerwehr an: "Junger Mann kommen Sie schnell, bei mir brennt's!"
"Gute Frau, bitte behalten Sie die Nerven. Wie kommen wir denn zu Ihnen?" fragt der Feuerwehrmann. "Ja sagen Sie mal, haben Sie denn nicht mehr diese lauten, roten Autos …?"

Ganz schön eitel, mit Brille wär' das nicht passiert!
"Junge Frau, gestatten Sie eine Frage:
In welcher Etage gibt es denn Herrensocken…?"

Witze & Trinksprüche

"Opa, was ist nötig um Sex zu machen?"
Der Opa überlegt kurz und sagt zu seinem Enkel:
"Hm, also Mann und Frau."
"Ja und was noch?" fragt der Enkel weiter.
"Na ja, Frau und Frau geht auch."
"Und was noch?"
"Mann und Mann, das sind jetzt aber alle Möglichkeiten!" sagt der Opa.
"Opa, das Schönste hast du aber vergessen
- ich und ich!"

*Der Saft,
der aus der Traube quoll,
kann heut ja wohl
nicht schaden!
Juchhe!
Wir sind ja wieder voll,
ja wieder voller Gnaden!*
Wilhelm Busch

Nimmt der Wein
den Kopf dir ein,
sind auch die Füße
nicht mehr dein.

Witze & Trinksprüche

Zwei ältere Herren schauen hingerissen im Nachtlokal den akrobatisch gewagten Tänzen der Mädchen auf der Bühne zu.
"Unfassbar ...", staunt der eine.
"Ja, leider ...", seufzt der andere.

Günter und Paul liegen im Doppelbett eines Hotelzimmers. Beide haben auf ihren Nachtschränken einen Cocktail stehen. Paul gibt seinem Kumpel Günter, der sich gerade eine Zigarette in den Mund gesteckt hat, Feuer und sagt: "Mensch so ein Partnertausch ist schon eine feine Sache. Mich würde nur mal interessieren, was unsere Frauen machen ...?"

"Oh, oh, oh", sagt die Wahrsagerin und schaut in ihre große blau Glaskugel.
"Ich sehe hier, Ihr Mann wird demnächst eines gewaltsamen Todes sterben."
"Und?" sagt die Kundin.
"Werde ich freigesprochen?"

Witze & Trinksprüche

Eine Frau holt die Medikamente ihres Mannes aus der Apotheke. "Sagen Sie mal, gibt es die Medizin auch in Tropfenform? Die Zäpfchen verkleben immer das Gebiss meines Mannes ...!"

> Rüstig sind wir
> und noch fit.
> Wir heben das Glas
> mit flottem Schritt!
> Wir stoßen
> auf das Leben an,
> wie's morgen ist,
> wen geht's was an!

Ein Mann kommt zum Augenarzt.
Er nimmt im Behandlungszimmer
seine Brille ab.
"Na," sagt der Arzt freundlich,
"wo fehlt es Ihnen denn? Ist die alte nicht mehr
scharf genug?"
"Na hören Sie mal, das geht Sie gar nichts an!
Ich brauche eine neue Brille!"

Liederverzeichnis

Auf, auf zum fröhlichen Jagen — 42

Bunt sind schon die Wälder — 44

Das Lätzchenlied — 18
Das Rentner-Wanderlied — 32
Das Wandern ist des Müllers Lust — 26
Der Frühling hat sich eingestellt — 24
Der Mensch muss mal trinken — 68
Der Rundgesang — 64
Die Getränke sind frei — 62
Die lustigen Rentnersleut' — 20
Du, du liegst mir im Herzen — 52

Ein Heller und ein Batzen — 66
Ein Jäger aus Kurpfalz — 41
Es blies ein Jäger wohl in sein Horn — 36
Es geht nichts über die Gemütlichkeit — 12
Es zogen auf sonnigen Wegen — 54

Geburtstagslied — 75

Liederverzeichnis

Im Frühtau zu Berge	28
Im Wald und auf der Heide	38
In unserem Walde singen die Vögel	46
In unserem Walde singt meine Uschi	47
Jetzt kommen die lustigen Tage	50
Lustig ist das Rentnerleben	16
Lustig ist das Zigeunerleben	14
Mädel ruck ruck ruck	58
Mein Hut, der hat drei Ecken	13
Nun ade, du mein lieb Heimatland	30
Unser .... ist heut 70 Jahr'	74
Wenn alle Brünnlein fließen	56
Zum Geburtstag	72
Zum Hochzeitstag	76

Lesen, Schmunzeln & Verschenken

www.andrea-verlag.de

Frauen - Artig war gestern
Das Muss für jede Handtasche!
Erbarmungslos lustig und schlagfertig!
Hardcover, Glanzdruck, 144 farbige Seiten,
Format 12 x 17,5 cm
ISBN: 978-3-940025-28-9

Viel, viel Glück!
Passende Verse & Wünsche für alle Lebenswege
nach Themen sortiert,
Hardcover, Glanzdruck, 144 farbige Seiten,
Format 12 x 17,5 cm, Fotos
ISBN: 978-3-940025-00-5

Lebensweisheiten
Freude im Leben
Das bunte Leben in weisen Worten.
Hardcover, Glanzdruck, 80 farbige Seiten
Format 12 x 17,5 cm
ISBN: 978-3-940025-19-7

Lebensweisheiten
Harmonie und Liebe
Zitatesammlung zu den Themen
Leidenschaft, Gefühle, Sünde
Hardcover, Glanzdruck, 80 Seiten,
Format 12 x 17,5 cm
ISBN: 978-3-940025-20-3

Lebensweisheiten
Momente im Glück
Zitatesammlung zu den Themen
Freude, Gesundheit und Glück
Hardcover, Glanzdruck, 80 farbige Seiten,
Format 12 x 17,5 cm
ISBN: 978-3-940025-18-0

Wortunfälle
Heitere Verse und Reime zum Schmunzeln mit leckeren Kaffee-Rezepten
Hardcover, Glanzdruck, 80 farbige Seiten, Format 12 x 17,5 cm
ISBN: 978-3-940025-26-5

Auf die Rentner
Heiter humoriges Rentnerleben
mit neuen Liedern, Witzen, Geschenkideen und Geschichten
Hardcover, Glanzdruck, 144 farbige Seiten, Format 12 x 17,5 cm
ISBN: 978-3-940025-27-2

Die "Zum Wohl" - Serie
der witzige Flachmann für die Westentasche
Softcover, Glanzdruck, 144 farbige Seiten, Format 12 x 17,5 cm, Fotos

Auf die Gesundheit
Witziges um die Gesundheit, in der Ehe & mit mehr o. weniger Promilligem
ISBN: 978-3-9810368-3-2

Auf die Männerrunde
Witze, Trinklieder, Geschichten & Sprüche rund um den Männerstammtisch
ISBN: 978-3-9810368-1-6

Auf die Party
Witziges, Spiele, Einladungen, Rezepte, Partys und vieles mehr
ISBN: 978-3-9810368-2-4

Auf die Camper
Witze, Lieder, Sprüche, Geschichten, Rezepte & jede Menge Spaß
ISBN: 978-3-940025-14-2

Auf die Wanderer
Witze, Lieder, Geschichten, Sprüche, Spaß & Spiel rund um's lustige Wandern
ISBN: 978-3-940025-15-9

www.andrea-verlag.de

Konzeption und Redaktion
Andrea VerlagsGmbH,
www. andrea-verlag.de

Wir danken
allen am Zusammentragen des Inhaltes beteiligten
Personen und allen, die uns für unsere Fotoarbeiten
Modell standen.
Alle Urheberrechte wurden sorgfältig geprüft.
Eine genaue Zuordnung gelang nicht in jedem Fall.

Alle Rechte der von Mitarbeitern des Verlages
umgedichteten Lieder, verfasgten Gedichte, Reime
und Inhalte sind dem Verlag vorbehalten.
Reproduktion, Speicherung in
Datenverarbeitungsanlagen und Wiedergabe nur
mit Verlagsgenehmigung.
Eine Haftung für Personen-, Sach-
und Vermögensschäden ist ausgeschlossen.

Die Redaktion

-In Deutschland gedruckt-

ISBN 978-3-9809890-7-0

Lustig ist das Rentnerleben

Je älter man wird, desto mehr ähnelt die Geburtstagstorte einem Fackelzug.

K. Hepburn